The Seahorse And Other Stories: Bilingual French-English Stories for Kids

Pomme Bilingual

Published by Pomme Bilingual, 2024.

While every precaution has been taken in the preparation of this book, the publisher assumes no responsibility for errors or omissions, or for damages resulting from the use of the information contained herein.

THE SEAHORSE AND OTHER STORIES: BILINGUAL FRENCH-ENGLISH STORIES FOR KIDS

First edition. July 8, 2024.

Copyright © 2024 Pomme Bilingual.

ISBN: 979-8227991270

Written by Pomme Bilingual.

Table of Contents

Le Pingouin Polyvalent

Il était une fois, sur une île glacée et lointaine, un pingouin nommé Pons. Contrairement à ses camarades, Pons n'aimait pas le froid. Il trouvait l'idée de plonger dans l'eau glacée pour attraper du poisson tout simplement effroyable. Tandis que les autres pingouins glissaient joyeusement sur la glace, Pons préférait rester au sec, bien emmitouflé dans un vieux gilet de laine qu'il avait trouvé un jour flottant sur l'eau.

Un matin, alors que Pons errait près de la rive, il découvrit une vieille malle. Curieux, il la tira sur la glace et l'ouvrit. À l'intérieur, il trouva une collection incroyable d'objets étranges et merveilleux : un monocle, un chapeau haut de forme, un parapluie, une trompette, et même une machine à écrire.

Pons décida d'essayer chaque objet. Avec le monocle, il se mit à lire de vieux parchemins et devint l'historien de la colonie. Le chapeau haut de forme, quant à lui, le rendit très élégant, si bien que les autres pingouins commencèrent à le consulter pour des conseils de mode. Le parapluie, bien que futile dans ce climat, devint un symbole de distinction. Quant à la trompette, elle révéla les talents musicaux de Pons, qui devint rapidement le chef d'orchestre des fêtes de la colonie. Enfin, la machine à écrire lui permit de devenir écrivain, racontant ses découvertes et aventures.

La vie de Pons changea radicalement. Il devint le pingouin le plus apprécié et respecté de l'île. Un jour, une tempête de neige isola une partie de la colonie, empêchant les pingouins de rejoindre leur nourriture. Pons, avec son parapluie et sa trompette, organisa une expédition de sauvetage. En soufflant dans sa trompette, il guida les pingouins à travers la tempête, et son parapluie, bien que petit, offrit un abri symbolique qui leur donna du courage.

La bravoure et l'ingéniosité de Pons furent célébrées par tous. À partir de ce jour, il ne fut plus jamais considéré comme différent. Au contraire, il était l'exemple parfait de ce qu'un pingouin pouvait accomplir avec un peu d'imagination et beaucoup de courage.

Et ainsi, Pons, le pingouin qui détestait le froid, devint une légende vivante, prouvant que chacun, à sa manière, a quelque chose d'unique à offrir au monde.

The Versatile Penguin

Once upon a time, on a distant, icy island, there was a penguin named Pons. Unlike his peers, Pons didn't like the cold. He found the idea of diving into icy water to catch fish utterly dreadful. While the other penguins joyfully slid on the ice, Pons preferred to stay dry, wrapped up in an old wool sweater he had once found floating in the water.

One morning, as Pons wandered near the shore, he discovered an old trunk. Curious, he dragged it onto the ice and opened it. Inside, he found an incredible collection of strange and wonderful objects: a monocle, a top hat, an umbrella, a trumpet, and even a typewriter.

Pons decided to try each item. With the monocle, he began reading old parchments and became the historian of the colony. The top hat made him look very elegant, so much so that other penguins started consulting him for fashion advice. The umbrella, though useless in this climate, became a symbol of distinction. As for the trumpet, it revealed Pons' musical talents, and he quickly became the conductor for the colony's celebrations. Finally, the typewriter allowed him to become a writer, sharing his discoveries and adventures.

Pons' life changed radically. He became the most beloved and respected penguin on the island. One day, a snowstorm isolated part of the colony, preventing the penguins from reaching their food. Pons, with his umbrella and trumpet, organized a rescue expedition. By blowing his trumpet, he guided the penguins through the storm, and his umbrella, though small, offered a symbolic shelter that gave them courage.

Pons' bravery and ingenuity were celebrated by all. From that day on, he was never seen as different. On the contrary, he was the perfect example of what a penguin could accomplish with a bit of imagination and a lot of courage.

And so, Pons, the penguin who hated the cold, became a living legend, proving that everyone, in their own way, has something unique to offer the world.

La Sorcière Sans Sortilèges

Il était une fois, dans un petit village caché au fond d'une forêt dense, une sorcière nommée Zelina. Contrairement aux autres sorcières, Zelina n'avait pas de pouvoirs magiques. Elle n'avait jamais réussi à lancer le moindre sortilège, malgré tous ses efforts et les conseils de ses aînées. Dans ce village de sorcières, où chaque habitant avait un don extraordinaire, Zelina se sentait terriblement différente.

Zelina avait hérité d'un grand grimoire poussiéreux, rempli de formules complexes et de recettes mystérieuses. Mais aucune des pages ne semblait lui obéir. Lorsqu'elle prononçait les mots magiques, rien ne se passait, et les potions qu'elle préparait finissaient toujours par exploser dans un nuage de fumée malodorante.

Un jour, déterminée à prouver qu'elle pouvait être utile, Zelina décida de trouver un moyen de se rendre indispensable. Elle savait qu'elle ne pouvait pas rivaliser avec les autres sorcières en matière de magie, alors elle chercha quelque chose d'unique. Après des semaines de réflexion, elle eut une idée brillante : elle allait devenir la première sorcière à créer une école pour animaux.

Zelina savait que les animaux de la forêt avaient besoin d'éducation et de formation pour vivre en harmonie avec les humains. Elle décida donc d'ouvrir l'École des Animaux Enchantés. Elle commença par convaincre quelques animaux de la forêt de venir assister à ses cours. Il y avait Balthazar le hibou, un vieux sage qui ne cessait de bâiller, Fifi la fouine, curieuse et toujours prête à apprendre, et Roco le raton laveur, qui adorait faire des blagues.

Le premier jour de cours, Zelina expliqua aux animaux qu'ils allaient apprendre à lire, à écrire, et même à jouer d'un instrument de musique. Les animaux étaient excités mais aussi sceptiques. Après tout, ils étaient plus habitués à se débrouiller seuls qu'à suivre des leçons.

Malgré les difficultés, Zelina persévéra. Elle inventa des méthodes amusantes et engageantes pour enseigner. Balthazar apprit à lire grâce à des histoires de chasse, Fifi découvrit le plaisir de l'écriture en rédigeant des petites anecdotes, et Roco devint un virtuose de la flûte.

Rapidement, l'école de Zelina devint célèbre. Des animaux de toute la forêt venaient apprendre et s'amuser. Les autres sorcières, d'abord sceptiques, furent bientôt impressionnées par les talents pédagogiques de Zelina. Elles comprirent que même sans magie, elle avait réussi à créer quelque chose de merveilleux et de précieux.

Un jour, le roi des sorcières, un personnage redouté et respecté, vint visiter l'école de Zelina. Il observa les animaux en pleine leçon et ne put s'empêcher de sourire en voyant Roco jouer de la flûte. Après la visite, le roi s'approcha de Zelina et lui dit :

"Tu as accompli quelque chose de bien plus grand que tous les sortilèges. Tu as donné aux animaux de la forêt la chance de devenir meilleurs, et cela, sans le moindre enchantement. Pour cela, je te fais sorcière honoraire de notre village."

Zelina, émue aux larmes, remercia le roi. Elle avait enfin trouvé sa place. Les animaux et les sorcières la considéraient désormais comme une véritable amie et une enseignante extraordinaire.

Ainsi, Zelina, la sorcière sans sortilèges, prouva que l'on pouvait accomplir des merveilles sans magie, simplement avec de la passion, de la créativité et beaucoup d'amour.

The Spell-less Witch

Once upon a time, in a small village hidden deep within a dense forest, there was a witch named Zelina. Unlike the other witches, Zelina had no magical powers. She had never managed to cast a single spell, despite all her efforts and the advice of her elders. In this village of witches, where every inhabitant had an extraordinary gift, Zelina felt terribly different.

Zelina had inherited a large, dusty grimoire, filled with complex formulas and mysterious recipes. But none of the pages seemed to obey her. When she pronounced the magical words, nothing happened, and the potions she prepared always ended up exploding in a cloud of foul-smelling smoke.

One day, determined to prove she could be useful, Zelina decided to find a way to become indispensable. She knew she couldn't compete with the other witches in terms of magic, so she looked for something unique. After weeks of reflection, she had a brilliant idea: she would become the first witch to create a school for animals.

Zelina knew that the animals of the forest needed education and training to live harmoniously with humans. So, she decided to open the School of Enchanted Animals. She began by convincing a few forest animals to attend her classes. There was Balthazar the owl, an old sage who never stopped yawning, Fifi the weasel, curious and always ready to learn, and Roco the raccoon, who loved to play pranks.

On the first day of class, Zelina explained to the animals that they would learn to read, write, and even play a musical instrument. The animals were excited but also skeptical. After all, they were more accustomed to fending for themselves than following lessons.

Despite the difficulties, Zelina persevered. She invented fun and engaging methods for teaching. Balthazar learned to read through hunting stories, Fifi discovered the joy of writing by penning short anecdotes, and Roco became a virtuoso on the flute.

Quickly, Zelina's school became famous. Animals from all over the forest came to learn and have fun. The other witches, initially skeptical, were soon impressed by Zelina's teaching talents. They realized that even without magic, she had managed to create something wonderful and precious.

One day, the king of the witches, a feared and respected figure, came to visit Zelina's school. He watched the animals during their lesson and couldn't help but smile when he saw Roco playing the flute. After the visit, the king approached Zelina and said:

"You have accomplished something far greater than any spell. You have given the animals of the forest the chance to become better, and that, without the slightest enchantment. For this, I make you an honorary witch of our village."

Zelina, moved to tears, thanked the king. She had finally found her place. The animals and witches now considered her a true friend and an extraordinary teacher.

Thus, Zelina, the spell-less witch, proved that one could achieve wonders without magic, simply with passion, creativity, and a lot of love.

Le Jour de Pluie Magique

Il était une fois, dans un petit village pittoresque nommé Pluvignon, où il pleuvait presque tout le temps. Les habitants de Pluvignon étaient habitués à la pluie, et beaucoup d'entre eux trouvaient des moyens créatifs pour s'occuper pendant les jours pluvieux. Mais ce jour-là, une pluie particulièrement torrentielle s'abattait sur le village, et même les plus enthousiastes des villageois étaient confinés à l'intérieur de leurs maisons.

Au milieu de ce village vivait une petite fille nommée Lila. Lila adorait la pluie, mais cette fois, elle était déçue. Elle avait prévu de jouer dehors avec son meilleur ami, Hugo, et la pluie semblait gâcher tous ses plans. Assise près de la fenêtre, elle regardait les gouttes de pluie se fracasser contre les vitres en soupirant.

Sa grand-mère, Mamie Rose, qui vivait avec eux, aperçut sa tristesse. Mamie Rose était connue pour ses histoires incroyables et ses idées farfelues. Elle s'approcha de Lila avec un sourire malicieux.

"Tu sais, Lila," dit-elle doucement, "il y a une légende dans notre famille. On raconte que par un jour de pluie extraordinaire, quelque chose de magique peut se produire."

Lila leva les yeux, intriguée. "Qu'est-ce que c'est, Mamie Rose?"

"Eh bien, selon la légende, si tu prends le vieux parapluie de ton arrière-arrière-grand-père et que tu danses sous la pluie en chantant une chanson spéciale, quelque chose de merveilleux pourrait arriver."

Lila n'avait jamais entendu cette histoire auparavant. Elle sauta sur ses pieds. "Allons chercher le parapluie!"

Mamie Rose mena Lila au grenier. Là, parmi des tas de vieilles affaires, elles trouvèrent le parapluie antique, couvert de poussière. Lila le nettoya avec soin, découvrant ses couleurs vibrantes et ses motifs magiques. Elle ne savait pas chanter la chanson spéciale, mais Mamie Rose lui chanta les paroles.

"Dansons sous la pluie, chantons en harmonie, Magie, montre-toi, en ce jour-ci."

Lila, excitée, sortit dans la cour avec le parapluie. Hugo, curieux de voir ce que faisait son amie, la rejoignit. Ensemble, ils dansèrent et chantèrent la chanson de Mamie Rose. La pluie tombait plus fort, mais ils continuaient, éclatant de rire et de joie.

Soudain, le parapluie commença à briller d'une lumière dorée. Lila et Hugo regardèrent, émerveillés, alors que des bulles géantes commençaient à s'élever du sol autour d'eux. Chaque bulle contenait une petite scène enchantée. Dans l'une, ils virent des fées qui dansaient, dans une autre, des licornes galopaient à travers des champs colorés.

Mamie Rose, qui les observait depuis la fenêtre, sourit en voyant le vieux parapluie fonctionner encore une fois. "La magie de la pluie," murmura-t-elle pour elle-même.

Les enfants jouèrent avec les bulles, entrant dans ces mondes fantastiques et rencontrant des créatures merveilleuses. Ils passèrent la journée à explorer ces univers enchantés, oubliant complètement la pluie battante autour d'eux.

Quand le soir tomba, les bulles commencèrent à disparaître, mais la magie de ce jour resta gravée dans leurs cœurs. Ils rentrèrent chez eux, trempés mais heureux, racontant à Mamie Rose toutes leurs aventures.

Mamie Rose les écouta avec un sourire bienveillant. "Vous voyez, mes chéris, la pluie n'est pas toujours synonyme de tristesse. Parfois, elle cache des merveilles inattendues."

À partir de ce jour, Lila et Hugo n'eurent plus jamais peur des jours de pluie. Ils savaient que chaque goutte de pluie pouvait contenir une once de magie, prête à éclore pour ceux qui savaient comment la trouver.

Et c'est ainsi que dans le village de Pluvignon, les jours de pluie devinrent des jours d'aventure et de découverte, grâce à une petite fille, un vieux parapluie, et la magie de l'imagination.

The Magical Rainy Day

Once upon a time, in a small picturesque village named Pluvignon, it rained almost all the time. The inhabitants of Pluvignon were used to the rain, and many of them found creative ways to occupy themselves during rainy days. But that day, a particularly torrential rain was pouring down on the village, and even the most enthusiastic villagers were confined inside their homes.

In the middle of this village lived a little girl named Lila. Lila loved the rain, but this time, she was disappointed. She had planned to play outside with her best friend, Hugo, and the rain seemed to ruin all her plans. Sitting by the window, she watched the raindrops splatter against the panes with a sigh.

Her grandmother, Mamie Rose, who lived with them, noticed her sadness. Mamie Rose was known for her incredible stories and quirky ideas. She approached Lila with a mischievous smile.

"You know, Lila," she said softly, "there is a legend in our family. It is said that on an extraordinary rainy day, something magical can happen."

Lila looked up, intrigued. "What is it, Mamie Rose?"

"Well, according to the legend, if you take your great-great-grandfather's old umbrella and dance in the rain while singing a special song, something wonderful might happen."

Lila had never heard this story before. She jumped to her feet. "Let's find the umbrella!"

Mamie Rose led Lila to the attic. There, among piles of old belongings, they found the antique umbrella, covered in dust. Lila cleaned it carefully, revealing its vibrant colors and magical patterns. She didn't know the special song, but Mamie Rose sang the lyrics to her.

"Let's dance in the rain, let's sing in harmony, Magic, show yourself, on this day for me."

Excited, Lila stepped out into the yard with the umbrella. Hugo, curious to see what his friend was doing, joined her. Together, they danced and sang Mamie Rose's song. The rain fell harder, but they continued, bursting with laughter and joy.

Suddenly, the umbrella began to glow with a golden light. Lila and Hugo watched in awe as giant bubbles started rising from the ground around them. Each bubble contained a little enchanted scene. In one, they saw dancing fairies, in another, unicorns galloped across colorful fields.

Mamie Rose, watching from the window, smiled seeing the old umbrella work once more. "The magic of the rain," she murmured to herself.

The children played with the bubbles, entering these fantastic worlds and meeting wonderful creatures. They spent the day exploring these enchanted realms, completely forgetting the pouring rain around them.

As evening fell, the bubbles began to disappear, but the magic of that day remained etched in their hearts. They returned home, soaked but happy, telling Mamie Rose all about their adventures.

Mamie Rose listened with a benevolent smile. "You see, my dears, rain is not always synonymous with sadness. Sometimes, it hides unexpected wonders."

From that day on, Lila and Hugo were never afraid of rainy days again. They knew that each raindrop could contain a hint of magic, ready to bloom for those who knew how to find it.

And so, in the village of Pluvignon, rainy days became days of adventure and discovery, thanks to a little girl, an old umbrella, and the magic of imagination.

La Brosse à Dents Magique

Il était une fois, dans une petite ville appelée Brosseville, une famille comme les autres, les Martin. Les Martin avaient deux enfants, Léon et Sophie, qui détestaient se brosser les dents. Chaque matin et chaque soir, c'était la même bataille pour convaincre les enfants de prendre leur brosse à dents. Mais un jour, tout changea grâce à une découverte extraordinaire.

Un après-midi pluvieux, Léon et Sophie fouillaient dans le grenier à la recherche de vieux jouets. Cachée sous une pile de livres poussiéreux, ils trouvèrent une petite boîte en bois ornée de motifs étranges. Curieux, ils l'ouvrirent et y découvrirent une brosse à dents étincelante, avec un manche doré et des poils d'un bleu éclatant.

"Regarde ça, Sophie !", s'exclama Léon. "On dirait une brosse à dents de conte de fées."

Intrigués, les enfants descendirent montrer leur trouvaille à leurs parents. Leur mère, amusée, leur suggéra de l'essayer.

"Peut-être que cette brosse à dents magique rendra le brossage plus amusant !", dit-elle en souriant.

Ce soir-là, Léon décida d'essayer la brosse à dents magique. Dès qu'il mit la brosse dans sa bouche, quelque chose d'incroyable se produisit. Les poils de la brosse commencèrent à scintiller et à vibrer doucement. Léon sentit une sensation de fraîcheur extraordinaire envahir sa bouche, et il remarqua avec surprise que chaque dent était polie et brillante comme un diamant.

Mais ce n'était pas tout. En se regardant dans le miroir, Léon vit apparaître un petit personnage sur son épaule. C'était une minuscule fée, avec des ailes transparentes et un sourire éclatant.

"Bonjour Léon !", dit-elle joyeusement. "Je suis Fée Dentina. Merci d'avoir utilisé la brosse à dents magique."

Léon, stupéfait, ne savait pas quoi dire. La fée continua, "Cette brosse à dents a le pouvoir de rendre tes dents non seulement propres, mais aussi magiques. Chaque fois que tu l'utiliseras, je viendrai t'aider à découvrir de nouveaux mondes fantastiques."

Sophie, voyant l'émerveillement de son frère, voulut essayer à son tour. Dès qu'elle utilisa la brosse à dents magique, une autre fée apparut, cette fois-ci un petit elfe nommé Elfiros. Il salua Sophie et lui expliqua que chaque session de brossage ouvrirait une porte vers un nouvel univers magique.

Les jours suivants, Léon et Sophie attendaient avec impatience le moment de se brosser les dents. Chaque soir, Fée Dentina et Elfiros les guidaient dans des aventures extraordinaires. Un soir, ils visitèrent un royaume sous-marin peuplé de poissons multicolores et de sirènes chantantes. Un autre soir, ils explorèrent une forêt enchantée où les arbres racontaient des histoires millénaires.

Les aventures magiques ne s'arrêtaient jamais. Léon et Sophie aidèrent des dragons à retrouver leurs œufs perdus, dansèrent avec des lutins dans une clairière illuminée par des lucioles, et naviguèrent sur un bateau pirate fantôme à la recherche de trésors cachés.

Grâce à ces aventures, Léon et Sophie devinrent non seulement des experts en brossage de dents, mais aussi des héros dans des mondes merveilleux. Leur bouche était toujours fraîche et leurs dents scintillaient de santé.

Un jour, alors qu'ils se brossaient les dents, Fée Dentina et Elfiros leur firent une révélation importante.

"Vous savez, les enfants, la magie de cette brosse à dents vient de votre imagination et de votre cœur. Tant que vous continuerez à vous brosser les dents avec joie et soin, vous pourrez toujours vivre des aventures incroyables."

Léon et Sophie comprirent que la véritable magie résidait en eux. Ils promirent de toujours prendre soin de leurs dents, non seulement pour rester en bonne santé, mais aussi pour garder leur esprit ouvert aux merveilles du monde.

Et c'est ainsi que, dans la petite ville de Brosseville, deux enfants transformèrent une tâche ordinaire en une aventure extraordinaire, grâce à une brosse à dents magique et à l'infini pouvoir de l'imagination.

The Magic Toothbrush

Once upon a time, in a small town called Brushville, there lived a family like any other, the Martins. The Martins had two children, Leon and Sophie, who hated brushing their teeth. Every morning and every night, it was the same battle to get the children to pick up their toothbrushes. But one day, everything changed thanks to an extraordinary discovery.

One rainy afternoon, Leon and Sophie were rummaging through the attic looking for old toys. Hidden under a pile of dusty books, they found a small wooden box adorned with strange patterns. Curious, they opened it and discovered a sparkling toothbrush with a golden handle and bright blue bristles.

"Look at this, Sophie!" exclaimed Leon. "It looks like a fairy tale toothbrush."

Intrigued, the children went down to show their find to their parents. Their mother, amused, suggested they try it out.

"Maybe this magic toothbrush will make brushing more fun!" she said with a smile.

That night, Leon decided to try the magic toothbrush. As soon as he put the brush in his mouth, something incredible happened. The bristles began to shimmer and gently vibrate. Leon felt an extraordinary freshness fill his mouth, and he noticed with surprise that each tooth was polished and shiny like a diamond.

But that wasn't all. As he looked in the mirror, Leon saw a tiny figure appear on his shoulder. It was a tiny fairy, with transparent wings and a bright smile.

"Hello Leon!" she said cheerfully. "I am Fairy Dentina. Thank you for using the magic toothbrush."

Leon, stunned, didn't know what to say. The fairy continued, "This toothbrush has the power to make your teeth not only clean but also magical. Every time you use it, I will come and help you discover new fantastic worlds."

Sophie, seeing her brother's amazement, wanted to try it too. As soon as she used the magic toothbrush, another fairy appeared, this time a small elf named Elfiros. He greeted Sophie and explained that each brushing session would open a door to a new magical universe.

In the following days, Leon and Sophie eagerly looked forward to brushing their teeth. Every night, Fairy Dentina and Elfiros guided them on extraordinary adventures. One evening, they visited an underwater kingdom filled with colorful fish and singing mermaids. Another evening, they explored an enchanted forest where the trees told ancient stories.

The magical adventures never ceased. Leon and Sophie helped dragons find their lost eggs, danced with elves in a glade illuminated by fireflies, and sailed on a ghost pirate ship in search of hidden treasures.

Thanks to these adventures, Leon and Sophie became not only experts in brushing their teeth but also heroes in wonderful worlds. Their mouths were always fresh, and their teeth sparkled with health.

One day, while they were brushing their teeth, Fairy Dentina and Elfiros made an important revelation.

"You know, children, the magic of this toothbrush comes from your imagination and your heart. As long as you continue to brush your teeth with joy and care, you will always be able to experience incredible adventures."

Leon and Sophie understood that the true magic resided in them. They promised to always take care of their teeth, not only to stay healthy but also to keep their minds open to the wonders of the world.

And so, in the small town of Brushville, two children turned an ordinary task into an extraordinary adventure, thanks to a magic toothbrush and the infinite power of imagination.

Le Dragon et le Ver Malin

Il était une fois, dans un royaume lointain, un dragon nommé Ignatius. Ignatius était un dragon très spécial, car contrairement à ses congénères, il n'aimait pas effrayer les gens ni brûler des villages. Au lieu de cela, Ignatius aimait lire. Il possédait une caverne remplie de livres anciens et passait ses journées à dévorer des histoires fascinantes.

Un jour, en parcourant un vieux manuscrit, Ignatius tomba sur une mention d'un trésor caché, situé dans une forêt enchantée. Excité par l'idée d'une nouvelle aventure, il décida de partir à la recherche de ce trésor. Mais cette forêt était connue pour être pleine de dangers et de créatures mystérieuses. Ignatius savait qu'il aurait besoin d'aide.

Sur le chemin de la forêt, Ignatius rencontra un petit ver nommé Virgil. Virgil était un ver très intelligent mais souvent négligé en raison de sa petite taille. Quand il entendit parler de la quête d'Ignatius, il proposa immédiatement son aide.

"Ignatius, je peux t'aider à trouver le trésor. J'ai lu beaucoup de livres sur cette forêt enchantée. Je connais ses secrets."

Ignatius, impressionné par la confiance et la connaissance de Virgil, accepta volontiers son aide. Ensemble, ils pénétrèrent dans la forêt, prêts à affronter les défis qui les attendaient.

La forêt enchantée était sombre et pleine de pièges. Des lianes vivantes essayaient de les attraper, des marécages trompeurs semblaient vouloir les engloutir, et des créatures mystérieuses les surveillaient de loin. Mais avec l'aide de Virgil, qui connaissait chaque détail des récits anciens, ils réussirent à éviter les dangers.

Un jour, alors qu'ils traversaient une clairière, ils furent confrontés à une énigme posée par un vieux chêne parlant. "Pour continuer votre chemin, vous devez résoudre cette énigme : Qu'est-ce qui peut remplir une pièce mais ne pèse rien ?"

Ignatius fronça les sourcils, essayant de trouver la réponse. Mais Virgil, avec son esprit vif, sourit et dit : "La lumière !"

Le vieux chêne s'inclina respectueusement. "Tu as raison, petit ver. Vous pouvez passer."

Leur chemin les mena finalement à une caverne cachée sous une grande colline. À l'intérieur, ils trouvèrent un coffre doré. Ignatius, plein d'excitation, l'ouvrit pour découvrir... des livres ! Des livres rares et précieux, remplis de connaissances et d'histoires incroyables.

Ignatius et Virgil passèrent des heures à explorer ces nouveaux trésors littéraires. Mais au milieu des livres, ils trouvèrent aussi une carte, menant à un autre trésor, plus grand encore, caché au-delà de la forêt.

"Notre aventure ne fait que commencer, Virgil !" s'exclama Ignatius.

Virgil hocha la tête, un sourire sur ses lèvres. "Et avec toi, Ignatius, je suis prêt à affronter n'importe quel défi."

De retour dans leur caverne, Ignatius et Virgil continuèrent à lire et à se préparer pour leur prochaine quête. Ils savaient que, peu importe les dangers qu'ils rencontreraient, ils avaient la connaissance, le courage et l'amitié pour les surmonter.

Et c'est ainsi que le dragon érudit et le ver malin devinrent les meilleurs amis et les aventuriers les plus redoutables du royaume. Leur histoire inspira des générations, montrant que peu importe la taille ou l'apparence, ce sont la sagesse et l'amitié qui comptent le plus.

The Dragon and the Clever Worm

Once upon a time, in a distant kingdom, there lived a dragon named Ignatius. Ignatius was a very special dragon because, unlike his fellow dragons, he didn't like scaring people or burning villages. Instead, Ignatius loved to read. He had a cave filled with ancient books and spent his days devouring fascinating stories.

One day, while browsing through an old manuscript, Ignatius came across a mention of a hidden treasure located in an enchanted forest. Excited by the idea of a new adventure, he decided to go in search of this treasure. But this forest was known to be full of dangers and mysterious creatures. Ignatius knew he would need help.

On his way to the forest, Ignatius met a little worm named Virgil. Virgil was a very intelligent worm but often overlooked because of his small size. When he heard about Ignatius's quest, he immediately offered his help.

"Ignatius, I can help you find the treasure. I've read many books about this enchanted forest. I know its secrets."

Ignatius, impressed by Virgil's confidence and knowledge, gladly accepted his help. Together, they ventured into the forest, ready to face the challenges that awaited them.

The enchanted forest was dark and full of traps. Living vines tried to grab them, deceptive swamps seemed to want to swallow them, and mysterious creatures watched them from afar. But with Virgil's help, who knew every detail of the ancient tales, they managed to avoid the dangers.

One day, as they crossed a clearing, they were confronted by a riddle posed by an old talking oak. "To continue your path, you must solve this riddle: What can fill a room but weighs nothing?"

Ignatius furrowed his brows, trying to find the answer. But Virgil, with his quick mind, smiled and said, "Light!"

The old oak bowed respectfully. "You are right, little worm. You may pass."

Their path finally led them to a cave hidden under a large hill. Inside, they found a golden chest. Ignatius, full of excitement, opened it to discover... books! Rare and precious books, filled with knowledge and incredible stories.

Ignatius and Virgil spent hours exploring these new literary treasures. But among the books, they also found a map leading to another treasure, even greater, hidden beyond the forest.

"Our adventure is just beginning, Virgil!" exclaimed Ignatius.

Virgil nodded, a smile on his lips. "And with you, Ignatius, I'm ready to face any challenge."

Back in their cave, Ignatius and Virgil continued to read and prepare for their next quest. They knew that, no matter the dangers they encountered, they had the knowledge, courage, and friendship to overcome them.

And so, the scholarly dragon and the clever worm became the best of friends and the most formidable adventurers in the kingdom. Their story inspired generations, showing that no matter the size or appearance, it is wisdom and friendship that matter the most.

Le Professeur Distrait

Il était une fois, dans une petite école à la périphérie de la ville, un professeur de sciences pas comme les autres. Il s'appelait Monsieur Dupont, mais tout le monde le connaissait sous le nom de "Professeur Distrait". Le Professeur Distrait avait une passion inébranlable pour les sciences, mais il avait aussi un talent particulier pour semer la pagaille partout où il passait.

Chaque matin, il arrivait à l'école avec des poches pleines d'éprouvettes, de fioles et de gadgets étranges. Ses cheveux, toujours ébouriffés, semblaient être le résultat de l'une de ses nombreuses expériences ratées. Malgré ses maladresses, les élèves l'adoraient, car il rendait les cours de sciences aussi imprévisibles que passionnants.

Un jour, le Professeur Distrait décida de faire une démonstration sur les réactions chimiques. Il avait préparé un mélange spécial censé produire un petit nuage de fumée colorée. Mais, fidèle à lui-même, il se trompa de flacon et versa par erreur un ingrédient complètement différent. Avant qu'il ne s'en rende compte, un énorme nuage violet emplit la salle de classe, déclenchant des éclats de rire et des cris d'étonnement chez les élèves.

"Oh là là !" s'exclama-t-il en agitant les bras pour disperser la fumée. "Ce n'était pas du tout ce que j'avais prévu !"

Mais au lieu de paniquer, le Professeur Distrait se mit à rire avec ses élèves. "La science est pleine de surprises !" dit-il en souriant. "Voyons ce que nous avons découvert !"

Les élèves étaient fascinés. Ils prirent des notes sur la couleur, l'odeur et la densité de la fumée. À la fin de la journée, ils avaient appris une leçon précieuse : même les erreurs peuvent conduire à des découvertes intéressantes.

Un autre jour, le Professeur Distrait tenta de montrer comment les aimants fonctionnent. Il apporta une grande caisse remplie de petits aimants et de métaux. Alors qu'il expliquait le concept de l'attraction magnétique, un aimant glissa de ses mains et se colla à son pantalon. En essayant de le retirer, d'autres aimants vinrent s'accrocher, et bientôt, il ressembla à un homme couvert de bijoux magnétiques.

Les élèves riaient tellement qu'ils en avaient les larmes aux yeux. Mais le Professeur Distrait, imperturbable, continua sa leçon, utilisant son pantalon magnétique comme un outil pédagogique.

"Voyez-vous, mes chers élèves, les aimants sont très puissants. Ils peuvent attirer les objets métalliques à distance !" dit-il en riant avec eux.

Un jour particulièrement mémorable, le Professeur Distrait décida de faire une expérience sur les forces de gravité. Il apporta une énorme citrouille en classe, expliquant comment la gravité affectait les objets de différentes tailles et poids. Il monta sur une échelle pour laisser tomber la citrouille, mais perdit l'équilibre et tomba lui-même, atterrissant directement sur un gros coussin placé par chance en dessous.

"Et c'est ainsi que fonctionne la gravité !" déclara-t-il, tout en se relevant avec un sourire malicieux. "Heureusement, j'avais prévu ce coussin."

Les élèves éclatèrent de rire, mais ils se souvinrent aussi de l'importance de la sécurité dans les expériences scientifiques.

Malgré ses maladresses, le Professeur Distrait avait une capacité unique à inspirer ses élèves. Il leur apprenait que la science n'était pas seulement une question de règles strictes et de formules, mais aussi d'exploration, d'erreurs et de rires.

À la fin de l'année scolaire, les élèves organisèrent une fête surprise pour leur professeur bien-aimé. Ils créèrent une grande bannière avec les mots "Merci, Professeur Distrait !" et préparèrent une série de petites expériences amusantes en son honneur. Le Professeur Distrait fut touché par cette attention et leur fit une dernière démonstration.

Il combina des ingrédients pour créer une réaction chimique qui fit apparaître un arc-en-ciel de bulles colorées dans toute la salle. Les élèves étaient émerveillés, et le Professeur Distrait leur dit : "N'oubliez jamais que la science est magique. Continuez à explorer, à poser des questions et à ne jamais avoir peur de faire des erreurs."

Et c'est ainsi que le Professeur Distrait, avec ses maladresses et son amour pour la science, laissa une empreinte indélébile dans le cœur de ses élèves. Ils partirent tous avec une passion pour la découverte et un sourire aux lèvres, prêts à affronter le monde avec curiosité et joie.

The Absent-Minded Professor

Once upon a time, in a small school on the outskirts of town, there was a science teacher like no other. His name was Mr. Dupont, but everyone knew him as the "Absent-Minded Professor." The Absent-Minded Professor had an unshakable passion for science, but he also had a particular talent for causing chaos wherever he went.

Every morning, he arrived at school with pockets full of test tubes, flasks, and strange gadgets. His hair, always disheveled, seemed to be the result of one of his many failed experiments. Despite his clumsiness, the students adored him because he made science classes as unpredictable as they were exciting.

One day, the Absent-Minded Professor decided to do a demonstration on chemical reactions. He had prepared a special mixture supposed to produce a small cloud of colored smoke. But, true to himself, he grabbed the wrong bottle and accidentally poured a completely different ingredient. Before he realized it, a huge purple cloud filled the classroom, eliciting laughter and shouts of amazement from the students.

"Oh dear!" he exclaimed, waving his arms to disperse the smoke. "That was not at all what I had planned!"

But instead of panicking, the Absent-Minded Professor laughed along with his students. "Science is full of surprises!" he said with a smile. "Let's see what we've discovered!"

The students were fascinated. They took notes on the color, smell, and density of the smoke. By the end of the day, they had learned a valuable lesson: even mistakes can lead to interesting discoveries.

On another day, the Absent-Minded Professor tried to show how magnets work. He brought a large box filled with small magnets and metals. As he explained the concept of magnetic attraction, a magnet slipped from his hands and stuck to his pants. While trying to remove it, other magnets came clinging, and soon, he looked like a man covered in magnetic jewelry.

The students laughed so hard they had tears in their eyes. But the Absent-Minded Professor, unfazed, continued his lesson, using his magnetic pants as a teaching tool.

"You see, my dear students, magnets are very powerful. They can attract metallic objects from a distance!" he said, laughing with them.

One particularly memorable day, the Absent-Minded Professor decided to do an experiment on the forces of gravity. He brought a huge pumpkin to class, explaining how gravity affected objects of different sizes and weights. He climbed a ladder to drop the pumpkin but lost his balance and fell himself, landing directly on a large cushion conveniently placed below.

"And that's how gravity works!" he declared, getting up with a mischievous smile. "Fortunately, I planned for this cushion."

The students burst into laughter, but they also remembered the importance of safety in scientific experiments.

Despite his clumsiness, the Absent-Minded Professor had a unique ability to inspire his students. He taught them that science was not just about strict rules and formulas but also about exploration, mistakes, and laughter.

At the end of the school year, the students organized a surprise party for their beloved teacher. They created a big banner with the words "Thank you, Absent-Minded Professor!" and prepared a series of small fun experiments in his honor. The Absent-Minded Professor was touched by this gesture and gave them one last demonstration.

He combined ingredients to create a chemical reaction that made a rainbow of colorful bubbles appear throughout the room. The students were amazed, and the Absent-Minded Professor told them, "Never forget that science is magical. Keep exploring, asking questions, and never be afraid to make mistakes."

And so, the Absent-Minded Professor, with his clumsiness and love for science, left an indelible mark on his students' hearts. They all left with a passion for discovery and a smile on their faces, ready to face the world with curiosity and joy.

Le Match de Foot Extraordinaire

Il était une fois, dans une petite ville nommée Ballonville, une bande d'enfants qui adorait jouer au football. Leur terrain de jeu était un champ tout simple, un peu bosselé, avec deux cages faites de vieux morceaux de bois. Mais pour eux, c'était leur stade, leur lieu de gloire.

L'équipe s'appelait les Éclairs de Ballonville et elle était composée de huit enfants : Maxime, le capitaine rapide comme l'éclair ; Léo, le gardien agile comme un chat ; Emma, la stratège aux passes millimétrées ; Clara, la défenseure intrépide ; Hugo, le dribbleur invincible ; Zoé, la buteuse imparable ; Julien, le milieu infatigable, et enfin, Lucas, le plus jeune mais le plus courageux.

Un jour, une nouvelle famille emménagea à Ballonville. Avec eux vint un garçon de leur âge, nommé Théo. Théo était timide et réservé, mais il portait toujours un maillot de football, comme s'il ne pouvait s'en séparer. Les Éclairs l'invitèrent immédiatement à se joindre à eux pour un match.

Le premier match avec Théo fut une révélation. Dès qu'il toucha le ballon, il exécuta une série de dribbles et de passes incroyables, marquant un but après l'autre. Les Éclairs étaient éblouis par ses compétences. Mais ce qui les surprit encore plus, c'était la modestie de Théo. Il jouait pour le plaisir et encourageait toujours ses coéquipiers.

Cependant, Théo avait un secret. Chaque soir, après le coucher du soleil, il se faufilait dans le grenier de sa nouvelle maison. Là, parmi les vieilles caisses et les toiles d'araignées, il y avait un vieux ballon de cuir qui brillait d'une lueur étrange. Ce ballon, selon une légende familiale, était magique. Théo le soupçonnait, mais il n'avait jamais osé l'utiliser en plein jour, de peur que sa magie ne disparaisse.

Un samedi matin, un événement surprenant se produisit. Une grande annonce fut faite à Ballonville : l'équipe rivale des Tornades de Rouleville lançait un défi aux Éclairs. Le match aurait lieu le dimanche suivant, et la nouvelle se répandit comme une traînée de poudre.

Les Éclairs étaient à la fois excités et nerveux. Les Tornades étaient réputées pour leur jeu agressif et leur capitaine, Victor, était connu pour ses tactiques impitoyables. Mais avec Théo dans leur équipe, ils avaient de l'espoir.

La veille du match, Théo décida qu'il était temps d'utiliser le ballon magique. Il expliqua son plan aux Éclairs. Ils étaient sceptiques, mais prêts à tout essayer pour gagner.

Le jour du match arriva. Le terrain était entouré de tous les habitants de Ballonville et de Rouleville. Les Tornades, en rouge et noir, avaient l'air féroce. Les Éclairs, en bleu et blanc, se tenaient prêts, le cœur battant la chamade.

Dès le coup de sifflet, les Tornades attaquèrent avec une force redoutable. Mais quelque chose de curieux se produisit. À chaque fois que Théo touchait le ballon magique, il semblait se déplacer avec une fluidité extraordinaire. Les passes de ses coéquipiers étaient plus précises, les tirs plus puissants.

Emma fit une passe parfaite à Zoé, qui marqua le premier but avec une frappe imparable. Les Éclairs exultèrent, mais ils savaient que le match n'était pas gagné.

Victor, le capitaine des Tornades, devint de plus en plus frustré. Il ordonna à ses joueurs de jouer plus durement. Les Éclairs résistèrent tant bien que mal. Clara, la défenseure, bloqua un tir puissant de Victor, et Léo, le gardien, fit un arrêt spectaculaire qui sembla défier les lois de la gravité.

À la mi-temps, le score était de 1-0 pour les Éclairs. Théo, tenant le ballon magique, dit à ses coéquipiers : "Nous pouvons le faire. Rappelez-vous, ce ballon est spécial, mais c'est notre esprit d'équipe qui fait la différence."

La deuxième mi-temps commença et les Tornades étaient plus déterminées que jamais. Mais les Éclairs, guidés par Théo, jouaient avec une harmonie et une énergie renouvelées. Julien, le milieu infatigable, intercepta une passe et lança un contre-attaque rapide. Hugo dribbla habilement à travers la défense adverse et fit une passe décisive à Maxime, qui marqua le deuxième but.

Les Tornades essayèrent de revenir, mais la défense intrépide de Clara et les arrêts phénoménaux de Léo les empêchèrent de marquer. Dans les dernières minutes du match, Théo, avec une dernière poussée d'énergie, fit un tir incroyable de l'extérieur de la surface, scellant le score à 3-0.

Le coup de sifflet final retentit et les Éclairs de Ballonville avaient gagné. Les spectateurs acclamèrent et les enfants se congratulèrent. Victor, le capitaine des Tornades, s'approcha de Théo. "Bien joué", dit-il en tendant la main. Théo la serra avec un sourire. "Merci. C'était un match fantastique."

Les Éclairs célébrèrent leur victoire avec une grande fête. Théo révéla enfin à ses amis la véritable histoire du ballon magique. Mais ils savaient tous que ce n'était pas seulement la magie du ballon qui avait fait la différence. C'était leur travail d'équipe, leur détermination et leur amitié.

Et c'est ainsi que, dans une petite ville nommée Ballonville, une bande d'enfants ordinaires vécut une aventure extraordinaire, prouvant que le véritable esprit du football réside dans l'unité et le cœur.

The Extraordinary Soccer Game

O nce upon a time, in a small town called Ballonville, there was a group of children who loved to play soccer. Their playground was a simple, slightly bumpy field with two goals made of old wooden posts. But to them, it was their stadium, their place of glory.

The team was called the Ballonville Bolts and it consisted of eight children: Max, the lightning-fast captain; Leo, the cat-like goalie; Emma, the strategist with pinpoint passes; Clara, the fearless defender; Hugo, the invincible dribbler; Zoe, the unstoppable scorer; Julien, the tireless midfielder; and finally, Lucas, the youngest but bravest of them all.

One day, a new family moved to Ballonville. With them came a boy their age named Theo. Theo was shy and reserved, but he always wore a soccer jersey, as if he couldn't part with it. The Bolts immediately invited him to join them for a game.

The first match with Theo was a revelation. As soon as he touched the ball, he executed a series of incredible dribbles and passes, scoring goal after goal. The Bolts were dazzled by his skills. But what surprised them even more was Theo's modesty. He played for fun and always encouraged his teammates.

However, Theo had a secret. Every night, after sunset, he would sneak into the attic of his new house. There, among old boxes and cobwebs, was an old leather ball that glowed with a strange light. According to a family legend, this ball was magical. Theo suspected it, but he had never dared to use it in broad daylight, for fear that its magic would disappear.

One Saturday morning, a surprising event occurred. A big announcement was made in Ballonville: the rival team, the Rouleville Tornadoes, challenged the Bolts. The match would take place the following Sunday, and the news spread like wildfire.

The Bolts were both excited and nervous. The Tornadoes were known for their aggressive play and their captain, Victor, was infamous for his ruthless tactics. But with Theo on their team, they had hope.

The day before the match, Theo decided it was time to use the magic ball. He explained his plan to the Bolts. They were skeptical but ready to try anything to win.

The day of the match arrived. The field was surrounded by all the inhabitants of Ballonville and Rouleville. The Tornadoes, in red and black, looked fierce. The Bolts, in blue and white, stood ready, their hearts pounding.

At the whistle, the Tornadoes attacked with formidable force. But something curious happened. Every time Theo touched the magic ball, he seemed to move with extraordinary fluidity. His teammates' passes were more accurate, their shots more powerful.

Emma made a perfect pass to Zoe, who scored the first goal with an unstoppable shot. The Bolts exulted, but they knew the match wasn't won yet.

Victor, the Tornadoes' captain, grew increasingly frustrated. He ordered his players to play harder. The Bolts resisted as best they could. Clara, the defender, blocked a powerful shot from Victor, and Leo, the goalie, made a spectacular save that seemed to defy the laws of gravity.

At halftime, the score was 1-0 for the Bolts. Theo, holding the magic ball, told his teammates, "We can do this. Remember, this ball is special, but it's our teamwork that makes the difference."

The second half began, and the Tornadoes were more determined than ever. But the Bolts, guided by Theo, played with renewed harmony and energy. Julien, the tireless midfielder, intercepted a pass and launched a quick counterattack. Hugo skillfully dribbled through the opposing defense and made a decisive pass to Max, who scored the second goal.

The Tornadoes tried to come back, but Clara's fearless defense and Leo's phenomenal saves kept them from scoring. In the final minutes of the match, Theo, with one last burst of energy, took an incredible shot from outside the box, sealing the score at 3-0.

The final whistle blew, and the Ballonville Bolts had won. The spectators cheered, and the children congratulated each other. Victor, the Tornadoes' captain, approached Theo. "Well played," he said, extending his hand. Theo shook it with a smile. "Thank you. It was a fantastic match."

The Bolts celebrated their victory with a grand party. Theo finally revealed the true story of the magic ball to his friends. But they all knew that it wasn't just the magic of the ball that made the difference. It was their teamwork, determination, and friendship.

And so, in a small town called Ballonville, a group of ordinary children experienced an extraordinary adventure, proving that the true spirit of football lies in unity and heart.

L'Hippocampe

Il était une fois, dans les profondeurs scintillantes de l'océan, un petit hippocampe nommé Hugues. Hugues n'était pas un hippocampe ordinaire. Tandis que les autres hippocampes passaient leurs journées à se balancer doucement dans les courants marins, Hugues rêvait d'aventures grandioses et de mystères sous-marins.

Hugues habitait dans une jolie maison de corail, entourée d'anémones colorées et de poissons exotiques. Il avait des amis formidables : Clara la pieuvre astucieuse, Oscar le poisson-clown farceur, et Mireille la méduse lumineuse. Ensemble, ils formaient une bande inséparable, toujours à la recherche de nouvelles explorations.

Un matin, alors que Hugues et ses amis jouaient à cache-cache parmi les algues, une nouvelle inquiétante se répandit à travers le récif : la Grande Perle de l'océan avait disparu ! Cette perle était précieuse non seulement pour sa beauté, mais aussi parce qu'elle maintenait l'équilibre des marées et apportait la paix dans tout l'océan.

Le roi Neptune, souverain des mers, déclara une réunion d'urgence. Tous les habitants du récif se rassemblèrent pour écouter ses paroles sages. "La Grande Perle a été volée," annonça-t-il d'une voix grave. "Sans elle, nos marées deviendront chaotiques et notre monde sous-marin sera en danger. Nous avons besoin d'un héros pour la retrouver."

Les poissons se regardèrent, inquiets et perplexes. Qui pourrait bien être assez courageux pour partir à la recherche de la Grande Perle ? Hugues, le cœur battant la chamade, leva timidement la nageoire. "Moi, je le ferai," déclara-t-il avec détermination. Clara, Oscar, et Mireille le regardèrent avec admiration. "Nous t'accompagnerons, Hugues," dirent-ils en chœur.

Le roi Neptune sourit. "Que la bravoure et la sagesse vous guident, jeunes aventuriers."

Et ainsi, l'expédition commença. Hugues et ses amis se mirent en route, traversant des forêts d'algues épaisses, des grottes sombres et des récifs de corail éclatants. Leurs aventures les menèrent à des rencontres extraordinaires.

Ils croisèrent une vieille tortue nommée Théo, qui leur raconta une légende sur un trésor caché au-delà du Grand Abîme. "Faites attention," les avertit-il. "De nombreux dangers guettent les imprudents."

Puis, ils rencontrèrent une sirène mélancolique nommée Ondine, qui leur offrit une coquille magique capable de révéler la vérité cachée. "Utilisez-la avec sagesse," leur conseilla-t-elle.

Enfin, ils atteignirent le Grand Abîme, un endroit effrayant et mystérieux où la lumière du soleil ne parvenait jamais. Le cœur rempli de courage, Hugues tint la coquille magique et murmura : "Révèle-nous le chemin." La coquille scintilla et projeta une lumière douce, dévoilant un passage secret à travers les rochers.

Suivant la lumière, ils découvrirent une caverne cachée, gardée par un immense serpent de mer aux écailles brillantes. Le serpent siffla en les voyant approcher. "Qui ose entrer dans mon domaine ?"

Hugues prit une grande inspiration et s'avança. "Nous venons en paix. Nous cherchons la Grande Perle pour sauver notre océan."

Le serpent de mer observa Hugues avec ses yeux perçants. "La Grande Perle est ici, mais seuls les cœurs purs peuvent la récupérer. Montrez-moi votre courage."

Hugues et ses amis racontèrent leurs aventures et montrèrent la coquille magique. Le serpent de mer, impressionné par leur bravoure et leur honnêteté, s'inclina et ouvrit un passage vers la perle.

Au centre de la caverne, sur un piédestal de corail, brillait la Grande Perle. Hugues s'approcha avec respect et la prit délicatement. "Nous l'avons retrouvée," dit-il, les yeux pétillants de joie.

Le retour vers le récif fut un triomphe. Les courants les portèrent rapidement et tous les habitants de l'océan les acclamèrent à leur arrivée. Le roi Neptune les accueillit avec fierté. "Vous avez prouvé que même les plus petits peuvent accomplir de grandes choses."

Hugues, Clara, Oscar et Mireille déposèrent la Grande Perle à sa place. L'océan s'illumina d'une lueur apaisante, et les marées redevinrent calmes et harmonieuses. Le récif tout entier célébra cette victoire avec une grande fête, et Hugues fut salué comme un héros.

Et c'est ainsi que, grâce au courage et à l'amitié d'un petit hippocampe et de ses amis, l'équilibre de l'océan fut restauré. Hugues comprit que, même dans les moments les plus sombres, l'espoir et la bravoure pouvaient illuminer le chemin.

The Seahorse

Once upon a time, in the shimmering depths of the ocean, there lived a little seahorse named Hugo. Hugo was not an ordinary seahorse. While other seahorses spent their days gently swaying in the sea currents, Hugo dreamed of grand adventures and underwater mysteries.

Hugo lived in a lovely coral house, surrounded by colorful anemones and exotic fish. He had wonderful friends: Clara the clever octopus, Oscar the mischievous clownfish, and Mireille the glowing jellyfish. Together, they formed an inseparable gang, always on the lookout for new explorations.

One morning, as Hugo and his friends were playing hide-and-seek among the seaweed, troubling news spread throughout the reef: the Great Pearl of the ocean had disappeared! This pearl was precious not only for its beauty but also because it maintained the balance of the tides and brought peace to the entire ocean.

King Neptune, the ruler of the seas, called an emergency meeting. All the inhabitants of the reef gathered to listen to his wise words. "The Great Pearl has been stolen," he announced gravely. "Without it, our tides will become chaotic and our underwater world will be in danger. We need a hero to find it."

The fish looked at each other, worried and perplexed. Who could be brave enough to go on a quest for the Great Pearl? Hugo, his heart pounding, timidly raised his fin. "I will do it," he declared with determination. Clara, Oscar, and Mireille looked at him with admiration. "We will go with you, Hugo," they said in unison.

King Neptune smiled. "May bravery and wisdom guide you, young adventurers."

And so, the expedition began. Hugo and his friends set off, traversing thick seaweed forests, dark caves, and vibrant coral reefs. Their adventures led them to extraordinary encounters.

They met an old turtle named Theo, who told them a legend about a hidden treasure beyond the Great Abyss. "Be careful," he warned them. "Many dangers await the unwary."

Then, they encountered a melancholic mermaid named Ondine, who gave them a magical shell capable of revealing hidden truths. "Use it wisely," she advised.

Finally, they reached the Great Abyss, a frightening and mysterious place where sunlight never reached. Filled with courage, Hugo held the magical shell and whispered, "Show us the way." The shell glowed and projected a soft light, revealing a secret passage through the rocks.

Following the light, they discovered a hidden cave guarded by a massive sea serpent with shining scales. The serpent hissed as they approached. "Who dares enter my domain?"

Hugo took a deep breath and stepped forward. "We come in peace. We seek the Great Pearl to save our ocean."

The sea serpent watched Hugo with its piercing eyes. "The Great Pearl is here, but only the pure of heart can retrieve it. Show me your courage."

Hugo and his friends recounted their adventures and showed the magical shell. The sea serpent, impressed by their bravery and honesty, bowed and opened a path to the pearl.

In the center of the cave, on a coral pedestal, the Great Pearl gleamed. Hugo approached it respectfully and gently took it. "We have found it," he said, his eyes sparkling with joy.

The journey back to the reef was triumphant. The currents carried them swiftly, and all the ocean's inhabitants cheered upon their arrival. King Neptune greeted them with pride. "You have proven that even the smallest can accomplish great things."

Hugo, Clara, Oscar, and Mireille placed the Great Pearl back in its rightful place. The ocean illuminated with a soothing glow, and the tides became calm and harmonious again. The entire reef celebrated this victory with a grand party, and Hugo was hailed as a hero.

And so, thanks to the courage and friendship of a little seahorse and his friends, the ocean's balance was restored. Hugo realized that even in the darkest moments, hope and bravery could light the way.

www.ingramcontent.com/pod-product-compliance
Lightning Source LLC
Chambersburg PA
CBHW061408140726

47997CB00003B/1417